ANALISI DEL LIBRO

AF132013

La casa degli spiriti

Isabel Allende

ANALISI DEL LIBRO

Scritto da Natalia Torres Behar
Tradotto da Sara Rossi

La casa degli spiriti

ISABEL ALLENDE

ISABEL ALLENDE

SCRITTRICE CILENO-AMERICANA

- **Nato a Lima (Perù) nel 1942.**

- **Onorificenze di rilievo:**

    - Membro dell'Accademia Americana delle Arti e delle Lettere

- **Opere degne di nota:**

    - *Di amore e di ombre* (1984), romanzo

    - *Paula* (1994), libro di memorie

    - *La città delle bestie* (2002), romanzo

    - *Il regno del drago d'oro* (2003), romanzo

    - *La foresta dei pigmei* (2004), romanzo

Isabel Allende nasce a Lima nel 1942 mentre il padre, Tomás Allende Pesse, lavora all'ambasciata cilena in Perù, e la futura scrittrice trascorre lì i primi anni della sua vita. Tuttavia, quando i genitori si separano nel 1946, la madre riporta lei e i suoi due fratelli minori in Cile. La Allende vive lì fino al 1953, poi trascorre un periodo in Bolivia e in Libano prima di tornare in Cile nel 1959, dopodiché sposa il suo primo marito Miguel Frías da cui ha due figli.

La Allende lavora per diversi anni come giornalista per vari giornali e riviste, sia in Cile che all'estero, e questa esperienza si riflette nel rigore investigativo di alcuni suoi romanzi, tra cui *La casa degli spiriti* (1982). In questo periodo si cimenta anche nella scrittura di opere teatrali e di narrativa per ragazzi. Tuttavia, il colpo di Stato militare del settembre 1973, durante il quale il presidente Salvador Allende (1908-1973) viene rovesciato e assassinato, non lascia alla Allende e alla sua famiglia altra scelta che quella di fuggire dal Paese nel 1975 a causa dei loro legami politici e familiari con il precedente governo (Salvador Allende era cugino di primo grado del padre). Vive in Venezuela per i 13 anni successivi e durante questo periodo scrive il suo primo romanzo. Oggi è l'autrice vivente di lingua spagnola di maggior successo commerciale al mondo: i suoi libri hanno venduto più di 65 milioni di copie e sono stati tradotti in oltre 30 lingue.

Il tema dell'esilio permea sottilmente *La casa degli spiriti*, anche se raramente viene menzionato apertamente. Il tono generale del romanzo è colorato di nostalgia e la lontananza fisica della Allende dal Cile sembra permetterle di ricostruire con eccezionale chiarezza la storia del Paese da cui fu costretta a fuggire. Il romanzo, che è dedicato alla figlia della Allende, è allo stesso tempo una sorta di memoir e un resoconto della storia del Cile e degli altri Paesi dell'America Latina.

La casa degli spiriti rimane una delle opere più conosciute della Allende, insieme a *Di amore e di ombre* (1984), *Paula* (1994) e alla sua trilogia di romanzi per bambini: La *città delle bestie* (2002), Il *regno del drago d'oro* (2003) e *La foresta dei pigmei* (2004).

LA CASA DEGLI SPIRITI

LA STORIA DELLA FAMIGLIA ATTRAVERSO LA LENTE DEL REALISMO MAGICO

- **Genere:** romanzo

- **Edizione di riferimento:** Allende, I. (1986) *La casa degli spiriti*. Trans. Bogin, M. Londra: Black Swan

- **1° edizione:** 1982

- **Temi:** politica, famiglia, sistemi di valori, amore, morte, femminismo

La casa degli spiriti è stato il romanzo d'esordio di Isabel Allende ed è stato accolto in modo contrastante: sebbene abbia avuto un enorme successo commerciale e sia diventato subito un bestseller, la critica letteraria e gli autori più acclamati lo hanno quasi universalmente criticato. In più di un'occasione, importanti figure della scena letteraria latinoamericana hanno liquidato la Allende come una scrittrice di scarsa importanza, tra cui Roberto Bolaño (scrittore cileno, 1953-2003), ed è stata paragonata negativamente ad altri scrittori come Gabriel García Márquez (1927-2014). Naturalmente, vale la pena notare che la stragrande maggioranza di queste critiche provengono da uomini, il cui dominio sulla letteratura latinoamericana non era mai stato messo in discussione da autrici donne.

La Casa degli Spiriti racconta la storia di quattro generazioni successive della famiglia Trueba-del Valle, a partire dal matrimonio tra Esteban Trueba e Clara del Valle, entrambi provenienti da famiglie aristocratiche. Tuttavia, per molti versi questa storia familiare nasconde una narrazione di fondo più profonda: la storia del Paese stesso. È anche un'occasione per esaminare temi universali come la famiglia, il conflitto intergenerazionale, i valori morali, l'amore e il femminismo.

Una delle qualità più importanti di romanzi come *La casa degli spiriti* è il modo in cui testimoniano il contrasto tra la richiesta generale di progresso e di maggiore trasparenza politica in Cile – e nel resto dell'America Latina – e le spietate e implacabili fazioni di destra che sono determinate a fare tutto il possibile per impedirlo.

 ## DALLA PAGINA ALLO SCHERMO

Nel 1993, il romanzo è stato adattato in un film diretto da Bille August (regista danese, nato nel 1948), con una sceneggiatura scritta dalla stessa Allende. Il cast stellare comprende volti famosi come Winona Ryder, Meryl Streep, Jeremy Irons, Glenn Close e Antonio Banderas. Essendo tratto da un romanzo molto lungo, il film è stato criticato per la sua lentezza, anche se la sequenza degli eventi è stata molto più rapida rispetto alla versione scritta.

L'enorme successo mondiale del romanzo ha fatto sì che venisse adattato anche per altri mezzi, tra cui il teatro. In effetti, *La casa degli spiriti* era basato su un'opera teatrale inedita che la Allende aveva scritto in precedenza. Uno degli adattamenti teatrali più apprezzati del romanzo è stato scritto da Caridad Svich (drammaturga ed editrice americana, nata nel 1963), che ha vinto numerosi e prestigiosi premi per il suo lavoro.

SINTESI

Ai fini di questa sintesi, abbiamo diviso gli eventi del romanzo in tre sezioni che corrispondono alle generazioni successive delle famiglie Trueba-del Valle e García.

PRIMA GENERAZIONE

Il romanzo inizia nello stesso modo in cui finisce: con una riga del diario scritto da Clara, la figlia più giovane della famiglia del Valle. La frase recita: "Barrabás è arrivato da noi per mare" (p. 11). Questa parte del romanzo racconta la storia di Barrabás, il cane di Clara, che viene accolto dalla famiglia dopo un episodio imbarazzante in cui i del Valle sono costretti a lasciare la chiesa nel bel mezzo della messa domenicale.

Questo aneddoto introduce i membri più importanti dal punto di vista narrativo della famiglia del Valle: Severo, il padre, massone, avvocato e ateo, che però frequenta la messa perché ha aspirazioni politiche come membro del Partito Liberale e quindi lo considera un dovere pubblico; Nívea, la madre, che è una donna affettuosa e devotamente religiosa, anche se detesta gli insegnamenti reazionari della sua chiesa e passa il tempo a occuparsi dei figli e a fare campagne per il diritto di voto alle donne; Rosa, la figlia maggiore, detta "la bella" per il suo aspetto etereo e fidanzata con il giovane Esteban Trueba; e Clara, una ragazza tranquilla e innocente che conserva il suo spirito infantile fino all'età adulta e che annota tutto ciò che accade nella sua vita in una serie di diari e quaderni. Clara ha anche poteri soprannaturali:

è chiaroveggente, può spostare gli oggetti con la mente e comunicare con i fantasmi. Una delle sue prime visioni indica che un membro della sua famiglia morirà per errore, e poco dopo sua sorella Rosa muore dopo aver bevuto del veleno destinato al padre. Dopo l'avverarsi della profezia, Clara decide di non parlare più per i nove anni successivi.

Esteban Trueba, fidanzato di Rosa, inizia a lavorare in una miniera con l'obiettivo di arricchirsi rapidamente per poter sposare la donna che ama. Dopo la morte della fidanzata, si rinchiude a Tres Marías, l'hacienda della sua famiglia, caduta in rovina a causa degli sprechi del padre alcolizzato. A Tres Marías incontra Pedro García, che gli salva la vita, Pedro Segundo García, portavoce degli affittuari che passano la vita a lavorare nella fattoria, e Pancha García, la sorella di Pedro Segundo, che lui stupra e tiene come amante finché non concepisce un figlio illegittimo da lui. Durante il periodo trascorso a Tres Marías dopo la morte di Rosa, la personalità di Esteban viene gradualmente definita dalla sua rabbia, che esplode frequentemente in scoppi d'ira durante i quali rompe tutto ciò su cui può mettere le mani, impreca come un marinaio e attacca le persone che ama di più. Alla fine Esteban torna in città per stare accanto alla madre, Ester Trueba, sul letto di morte. Sua sorella Férula, una zitella estremamente devota con la dedizione di una santa, si è presa cura di Ester durante la sua malattia. Prima che Ester muoia, Esteban le promette che si sposerà e avrà dei figli a cui trasmettere il nome della famiglia, quindi si reca a casa dei del Valle e chiede a Clara di sposarlo.

SECONDA GENERAZIONE

Esteban accumula una notevole fortuna e diventa un noto oligarca, il che gli permette di costruire una grande villa in città, che tutti chiamano "la grande casa all'angolo" (p. 115). Questa casa è un luogo magico e ospita una serie di fantasmi con cui Clara comunica costantemente. Esteban e Clara Trueba hanno tre figli: la primogenita e unica figlia, Blanca, è una donna bellissima che si innamora perdutamente del figlio di Pedro Segundo, Pedro Tercero García, un giovane bello, generoso, musicale, con ideali comunisti e uno spirito ribelle che ricambia i suoi sentimenti. Tuttavia, alla fine viene bandito dall'hacienda a causa dei suoi ideali e perché si è ribellato al suo datore di lavoro, che è anche il padre di Blanca.

Gli altri due figli dei Trueba sono Jaime e Nicolás, gemelli fraterni. Jaime ha tendenze socialiste e decide di diventare medico per dedicare la sua vita ad aiutare i poveri e i bisognosi, ed è così devoto al suo lavoro che spesso regala ai bisognosi i vestiti che indossa. Nicolás è il suo opposto: è un affascinante libertino che ha ereditato tutto il gusto della madre per la magia e il paranormale, ma nessuna delle sue doti, e che alla fine dedica la sua vita al tentativo di trovare il nirvana e la purezza spirituale utilizzando i metodi che apprende durante i viaggi in Estremo Oriente. Un giorno, Esteban butta fuori di casa Nicolás durante una delle sue sfuriate e trascorre il resto della sua vita negli Stati Uniti. I due fratelli non condividono solo il sangue: entrambi si innamorano di Amanda, che diventa l'amante di Nicolás e l'ossessione di Jaime.

TERZA GENERAZIONE

Blanca alla fine ha una figlia illegittima, Alba de Satigny Trueba, con Pedro Tercero. Tuttavia, il padre di lei è inorridito dal pensiero di avere un figlio illegittimo in famiglia e la costringe a sposare un conte francese di nome Jean de Satigny, anche se i due si separano presto. Ironia della sorte, Alba è l'unica persona della famiglia con cui Esteban ha un rapporto stretto e stabile.

Il temperamento di Esteban e le sue convinzioni politiche reazionarie causano continui litigi tra lui e il resto della famiglia. Questo conflitto interno alla famiglia Trueba riflette il conflitto che sta contemporaneamente coinvolgendo l'intero Paese: la lotta tra la determinazione della destra ad aggrapparsi al potere e la possibilità di un governo di sinistra. Questa tensione finisce per avvelenare il rapporto tra Esteban e Clara, che si disintegra completamente dopo che lui la colpisce così forte da romperle i denti. Quando Clara muore, la maggior parte della sua famiglia è profondamente addolorata, mentre Esteban si lascia andare a uno scatto d'ira eccezionalmente violento e distruttivo. Tuttavia, il suo spirito rimane in casa anche dopo la sua morte.

Durante il periodo universitario di Alba, da giovane adulta, viene eletto un presidente socialista. Tutti i membri della famiglia sono entusiasti e iniziano a festeggiare, tranne Esteban, che ora è senatore e sta tramando segretamente per sabotare le finanze del governo.

Nello stesso periodo, Alba incontra Miguel, il fratello minore di Amanda, l'amante di suo zio Nicolás. È un giovane studente e un comunista rivoluzionario le cui idee sono molto più radicali di quelle dello zio Jaime o del padre Pedro Tercero. Alba e Miguel si innamorano perdutamente e la loro storia dura anche dopo che le macchinazioni di Esteban e dei suoi soci politici portano a un colpo di stato militare.

Questo momento è il catalizzatore di una serie di eventi: Jaime viene ucciso a causa delle azioni di Esteban; Blanca viene esiliata e fugge dal Paese con Pedro Tercero, l'amore della sua vita; la salute mentale di Esteban inizia a deteriorarsi e alla fine si rende conto di aver sbagliato a orchestrare un colpo di stato; e la cosa peggiore è che Alba viene arrestata, violentata e torturata per mano di Esteban García, figlio del bambino illegittimo concepito quando Esteban Trueba violentò Pancha García, il che lo rende nipote di Esteban Trueba. Cresce in povertà e arriva a odiare il nonno e la sua famiglia. Esteban Trueba è addolorato quando viene a sapere che Alba è stata catturata e si rende conto che non ha nessun altro da incolpare se non se stesso. Alla fine Alba viene salvata grazie a Tránsito Soto, un'ex prostituta diventata donna d'affari con potere e conoscenze nella dittatura militare, che doveva un favore a Esteban. Il romanzo si conclude dopo che Alba è stata liberata ed è tornata a casa del nonno. Ora è incinta, anche se non sa se il bambino è frutto di uno stupro o della sua storia d'amore con Miguel. Decide di recuperare i diari della nonna e inizia a scrivere la storia che poi diventerà il romanzo.

STUDIO DEL CARATTERE

ESTEBAN TRUEBA

Esteban è il patriarca della famiglia Trueba. È nato in una famiglia aristocratica caduta in disgrazia e in rovina finanziaria a causa dell'alcolismo del padre. Non è né bello né brutto, e in gioventù è estremamente alto e snello. A causa della povertà subita in gioventù e del forte senso di colpa che gli è stato instillato a causa della devozione della sorella, è di natura irascibile, testardo, monocorde e ostinato, e la sua personalità è definita da frequenti scatti d'ira, durante i quali tende a perdere completamente il controllo della ragione.

Il suo duro lavoro e la sua propensione a dare ordini a tutti sono all'origine sia della sua ricchezza sia della sua ideologia reazionaria e anticomunista, che lo porta in costante conflitto con il resto della famiglia e con molti dei suoi inquilini, più liberi e di sinistra.

CLARA TRUEBA DEL VALLE

Clara è la figlia minore di Severo e Nívea del Valle. È nata in una ricca famiglia aristocratica e ha diversi fratelli, anche se la storia si concentra solo su Rosa. Non è particolarmente bella, ma non per questo poco attraente. La sua personalità serena e incantevole ammorbidisce gradualmente il cuore duro del marito Esteban. È diligente ed empatica e si preoccupa degli altri indipendentemente dal fatto che sia o meno imparentata con loro. Aiuta i poveri e i bisognosi ogni volta che può, un'abitudine che ha ereditato da sua madre e che trasmette ai suoi figli. Soffre anche di mutismo selettivo e a volte passa anni senza parlare. Anche alcuni dei suoi discendenti, come Jaime, ereditano la sua propensione al silenzio.

Tuttavia, l'aspetto più importante della personalità di Clara è senza dubbio il suo potere soprannaturale. È in grado di prevedere morti, matrimoni, disastri naturali e persino il colpo di stato militare e la dittatura che lo segue. Alla fine, è la sua abitudine di tenere un registro scritto della vita della famiglia Trueba in una serie di diari e quaderni che permette di ricostruire la storia.

ROSA DEL VALLE, "LA BELLA"

Rosa è la figlia maggiore di Severo e Nívea del Valle. Ha i capelli naturalmente verdi ed è soprannominata "la bella" per la sua bellezza eterea, e viene costantemente paragonata a un angelo o a una sirena. In effetti, è così bella che le persone che la circondano sono convinte che non sia di questo mondo, il che la fa sentire distaccata dalla realtà e, di conseguenza, cuce ossessivamente. I suoi ricami presentano strani animali frutto della sua immaginazione, di solito specie ibride, quasi mitologiche, e sua nipote Blanca svilupperà anni dopo un'abitudine simile con la ceramica. Rosa muore dopo aver bevuto del liquore avvelenato destinato al padre, impegnato in una campagna politica.

FÉRULA TRUEBA

Férula è la sorella maggiore di Esteban. È devotamente religiosa e la sua dedizione e tendenza all'autosacrificio rasentano la santità. Avendo dedicato metà della sua vita ad accudire la madre malata e a crescere il fratello minore, dopo la morte della madre viene lasciata a piedi fino a quando Clara decide di accoglierla. Di conseguenza, Férula si innamora della cognata e decide di passare il resto della sua vita a prendersi cura di lei.

Férula vive con il fratello e la cognata fino a quando i suoi sentimenti per Clara sfociano in una lite furibonda e gelosa con Esteban, che la butta fuori di casa. Prima di andarsene, maledice Esteban dicendogli: "Sarai sempre solo! Il tuo corpo e la tua anima si raggrinziranno e morirai come un cane!" (p. 158). Questa maledizione si avvera fino a un certo punto, poiché il patriarca dei Trueba finisce per diminuire nel corso degli anni. Dopo essere stata bruscamente sfrattata dalla sua casa, Férula muore sola in un quartiere povero, lasciata con la sua religione e il suo dolore.

BLANCA TRUEBA

Blanca è la figlia maggiore di Esteban e Clara Trueba. È una bella donna con la pelle relativamente scura, frutto dell'eredità moresca di Esteban. Ha un rapporto instabile con il padre e si innamora in giovane età di Pedro Tercero, figlio del capomastro di Tres Marías e uno dei servi del padre. Questo amore proibito è l'asse su cui ruota tutta la sua vita e lei spesso finge di essere malata per poter saltare la scuola e trascorrere lunghi periodi di "convalescenza" nell'hacienda. Tuttavia, a causa di questi anni di finzione, sviluppa un'estrema ipocondria.

Quando il padre di lei viene a sapere della loro storia d'amore, frusta Blanca senza pietà e giura che ucciderà il suo amante, distruggendo così il rapporto tra Blanca e il padre e tra Esteban e Clara. Quando Esteban si accorge che la ragazza è incinta, la costringe a sposare un conte francese e a trasferirsi nel nord del Paese. Sebbene il matrimonio non duri a lungo, Blanca non perdona mai il padre per averla costretta. Trascorre l'età adulta occupandosi della figlia Alba e realizzando presepi, prima di fuggire in Canada quando la dittatura prende il potere. Lì trascorre gli ultimi anni della sua vita, finalmente unita all'uomo che ha sempre amato.

JAIME TRUEBA

Jaime è uno dei due fratelli minori di Blanca. Sebbene lui e Nicolás siano gemelli, non potrebbero essere meno simili e non sono vicini. Jaime è alto e corpulento e ha una peluria evidente anche quando si rade due volte al giorno. Tuttavia, è un gigante gentile: è un uomo serio e sensibile che si dedica completamente alla sua vocazione di aiutare gli altri. Cerca di seppellire le proprie emozioni studiando, lavorando e aiutando i bisognosi. Non riesce a dimenticare il primo amore della sua vita: Amanda, l'amante di suo fratello.

Il suo attivismo politico e i suoi ideali di sinistra lo portano a sviluppare una stretta relazione con Pedro Tercero, amante della sorella e nemico del padre. Ha anche stretti legami con il presidente socialista che sale al potere prima del colpo di

Stato. Jaime viene catturato mentre cerca di proteggere il presidente il giorno del colpo di stato e viene sottoposto a torture fisiche, psicologiche e spirituali prima di essere fucilato.

NICOLÁS TRUEBA

Nicolás è il fratello gemello di Jaime e il suo opposto. Ha lineamenti fini e belli e, sebbene non sia particolarmente alto o muscoloso, è estremamente intelligente e perspicace, cosa che sfrutta costantemente a suo vantaggio. È un flirtatore e un capriccioso incontenibile, che passa continuamente da un'impresa folle (come il tentativo di attraversare le Ande in mongolfiera) a un'altra. Non si sofferma mai a considerare le conseguenze delle sue azioni.

A differenza del fratello, che è un uomo con i piedi per terra e si preoccupa soprattutto della politica e delle realtà del mondo tangibile, Nicolás eredita l'affinità della madre Clara per lo spiritualismo e il misticismo, ma non le sue doti soprannaturali, con suo grande dispiacere. Dedica la sua vita a viaggiare e a imparare cose nuove, il che lo spinge a cimentarsi in diverse carriere, da istruttore di flamenco a guru spirituale. Dopo un litigio, il padre lo caccia di casa e lui parte per gli Stati Uniti, dove entra in un'accademia spirituale.

ALBA TRUEBA

Alba è l'ultima dei discendenti dei Trueba menzionati nel romanzo. Il suo nome completo è Alba de Satigny Trueba a causa del matrimonio della madre con il conte de Satigny. Tuttavia, Alba non lo incontra mai e molti anni dopo viene a sapere che Pedro Tercera è il suo padre biologico. Alba ha gli stessi capelli verdi della prozia Rosa "la bella", ma la sua bellezza è meno appariscente e non si considera bella fino a quando non incontra Miguel, che le dice continuamente quanto la ama.

Nonostante le loro divergenti convinzioni politiche, è l'unico membro della famiglia ad avere un rapporto stretto con Esteban Trueba e gli fa compagnia mentre è sul letto di morte, spezzando così la maledizione di Férula. Come lo zio e la nonna, Alba prova una grande compassione per i poveri e si innamora perdutamente come la madre. Torturata e violentata durante la dittatura militare per aver ospitato dei dissidenti, alla fine del romanzo il lettore scopre che è sempre stata lei la voce narrante, che stava ricostruendo la storia della famiglia parlando con il nonno e leggendo i diari che la nonna usava per raccontare la sua vita.

CONTE JEAN DE SATIGNY

Il conte è un misterioso aristocratico francese che un giorno arriva all'improvviso a Tres Marías. Esteban lo invita a rimanere come suo ospite, affascinato dai suoi modi raffinati e dalle sue abitudini europee. L'aristocratico è piuttosto elegante e passa molto tempo a curare il suo aspetto e a dedicarsi a passatempi che sembrano strani ai Truebas, come il gioco del cricket. È lui a portare alla luce la relazione tra Blanca e Pedro Tercero nel tentativo di assicurarsi la mano di Blanca per accedere alla fortuna del padre.

La sua manovra ha successo e dopo il matrimonio lui e Blanca si trasferiscono a nord. Il conte decide di assumere dei servi indigeni per aiutarlo sia in casa che nelle sue spedizioni nel deserto, dove scava mummie da vendere illegalmente al mercato nero. Blanca alla fine si rende conto che lui è gay e che va a letto con i servi, e fugge nella capitale mentre è ancora incinta di Alba. I due non si rivedranno mai più.

PEDRO GARCÍA

Pedro Primero è il patriarca della famiglia García, che vive nelle terre di Esteban Trueba e lavora per lui. È piuttosto anziano quando Esteban arriva per la prima volta all'hacienda, e suo figlio è quindi considerato il capo degli affittuari. Pedro Primero è un uomo rispettabile e ricco di conoscenze pratiche, che salva l'hacienda dalla rovina quando è assalita da una piaga di formiche e salva la vita di Esteban Trueba dopo un terribile terremoto in cui muore Nana. Come Nana, agisce come voce della ragione e insegna a Blanca l'arte di scolpire l'argilla, che diventa il suo unico conforto nei momenti più bui. Pedro Primero muore vecchio, cieco e sordo, con al fianco il pronipote Esteban García.

PEDRO SEGUNDO GARCÍA

Pedro Segundo è il capo degli affittuari che lavorano a Tres Marías. È un uomo forte e laborioso e alla fine viene nominato caposquadra della tenuta. Nutre una profonda avversione nei confronti del suo datore di lavoro, Esteban Trueba, superata solo dalla sua lealtà, dal suo carattere non conflittuale e dalla sua simpatia per Clara Trueba. Sopporta il carattere scostante del suo datore di lavoro fino al giorno in cui questi colpisce Clara, rompendole i denti. Quel giorno, Pedro

Segundo decide finalmente di lasciare Tres Marías con i pochi beni che possiede.

PEDRO TERCERO GARCÍA

Pedro Tercero è il figlio di Pedro Segundo. È un comunista rivoluzionario che diffonde le idee marxiste in tutte le terre dei Trueba, il che lo porta in costante conflitto con il suo datore di lavoro e alla fine lo esilia. È perdutamente innamorato di Blanca Trueba, con la quale ha una relazione che durerà tutta la vita e dalla quale nascerà la figlia Alba.

Pedro Tercero non è solo un rivoluzionario: è anche un musicista, nonostante le tre dita che ha perso quando il suo datore di lavoro ha cercato di ucciderlo dopo aver saputo della sua relazione con Blanca. La sua musica lo lancia alla ribalta nazionale e diventa estremamente popolare tra gli ascoltatori, nonostante l'oligarchia conservatrice lo disprezzi. Ricopre anche il ruolo di ministro del governo sotto il presidente socialista, prima di fuggire dal Paese con Blanca. Molti lettori hanno fatto un parallelo tra il suo personaggio e la storia del musicista cileno Víctor Jara, torturato e ucciso nello stadio cileno dopo il colpo di stato militare del 1973.

PANCHA GARCÍA

Pancha García è la figlia di Pedro Primero e muore di malattia in età avanzata. È la prima donna a essere violentata dal suo datore di lavoro, Esteban Trueba, nei campi della sua tenuta prima del matrimonio, ma non è certo l'ultima. Esteban la tiene come amante fino a quando lei concepisce un figlio illegittimo, che a sua volta ha un figlio chiamato Esteban García.

Pancha passa la vita a insegnare al nipote a odiare il loro datore di lavoro e la sua famiglia tanto quanto lei, sapendo che tutto ciò che hanno dovrebbe essere anche suo e che l'unico motivo per cui gli è stato tenuto nascosto è il suo cognome.

ESTEBAN GARCÍA

Esteban García, nipote di Pancha, è probabilmente uno dei personaggi più enigmatici del romanzo. Viene menzionato solo sporadicamente, ma viene sempre data grande enfasi al male che infligge alla famiglia Trueba. La nonna lo alleva affinché provi verso la famiglia lo stesso odio geloso che prova lei a causa della sua illegittimità. Quando Esteban Trueba, in preda a un raptus omicida, dà la caccia a Pedro Tercero, è Esteban García a rivelargli dove si trova.

Ciò significa che Estaban Trueba gli deve un favore, che lui ripaga fornendogli una raccomandazione per un'accademia militare. Al momento del colpo di Stato, García è stato nominato colonnello ed è deciso a realizzare il suo obiettivo di sempre: far soffrire la famiglia Trueba. Alba viene catturata su suo ordine e lui la violenta e la tortura personalmente.

AMANDA

Amanda è l'amante di Nicolás da quando erano giovani. È una donna esile, che a prima vista non sembra particolarmente forte fisicamente, ed è un'appassionata della scrittura di Sartre. Il suo aspetto è molto appariscente perché si trucca molto gli occhi e indossa braccialetti e collane che tintinnano quando si muove. Soffre di depressione cronica ed è dipendente dalle droghe, perché crede che diano un senso alla sua vita. Lei e Nicolás fumano entrambi hashish e oppio quando stanno insieme, ma si lasciano quando lei si accorge di essere incinta e chiede a Jaime di abortire.

L'operazione lascia Amanda molto debole e Jaime si prende cura di lei. Trascorrono molto tempo insieme nella "grande casa all'angolo" e si avvicinano molto. Lei e suo fratello Miguel, che ha praticamente cresciuto, sono inseparabili. Trascorre diversi anni allontanandosi dalla famiglia Trueba, prima di ricongiungersi con Jaime e Alba grazie a Miguel. Qualche anno dopo viene catturata e torturata dal regime, ma muore senza rivelare l'identità o la sorte del fratello.

MIGUEL

Mentre Amanda si sta riprendendo dall'aborto, Miguel va a vivere con lei nella grande casa all'angolo. Un giorno, mentre si nasconde in un armadio, assiste alla nascita di Alba e i due si innamorano perdutamente quando, anni dopo, si ritrovano all'università. Miguel è uno studente di legge con convinzioni di sinistra molto più radicali di quelle degli altri personaggi del romanzo, in quanto ritiene che l'unico modo per combattere i conservatori sia una sanguinosa rivoluzione armata.

Quando viene lanciato il colpo di Stato, Miguel si unisce ai guerriglieri dissidenti, separandosi così da Alba e dalla sorella. Alba viene arrestata perché amante di un guerrigliero ricercato e Amanda muore per proteggerlo.

TRÁNSITO SOTO

Il narratore ricorda costantemente al lettore che Tránsito Soto è uno dei personaggi più importanti del romanzo, ma il perché lo capiremo solo alla fine del libro. Tránsito è una prostituta che Esteban Trueba incontra in un bordello vicino all'hacienda e, nonostante il suo generale disprezzo per le prostitute, sente un certo legame con lei e le presta 50 pesos, promettendole che un giorno si assicurerà che glieli restituisca con gli interessi.

Esteban la visita in altre tre occasioni durante i suoi novant'anni di vita: due volte per piacere e un'ultima volta per chiederle un favore. Dopo ogni visita, Tránsito diventa sempre più potente, fino a diventare la maitresse del bordello più esclusivo della città e ad avere forti legami con la giunta militare che governa il Paese. Su richiesta di Esteban, riesce a liberare Alba dalle grinfie di Esteban García e della polizia militare in cambio dei 50 pesos che lui le aveva prestato tanti anni prima.

ANALISI

FORMA

La questione del genere: può essere considerato realismo magico?

La casa degli spiriti è sempre stato considerato e classificato come un romanzo realista magico. Questa corrente letteraria è emersa in America Latina ed è fortemente associata allo scrittore colombiano Gabriel García Márquez. L'opera della Allende è stata fortemente influenzata dalla scrittura di García Márquez, in particolare dal suo romanzo *Cent'anni di solitudine* (1967).

Per esempio, *Cent'anni di solitudine* e *La casa degli spiriti* condividono una struttura molto simile: entrambi raccontano la storia di una famiglia ricca e aristocratica che vive in un Paese dell'America Latina, che deve affrontare l'oppressione politica e i cui valori sono costantemente messi in discussione e cambiati. Inoltre, i membri di ciascuna famiglia ereditano tratti della personalità e abitudini dai loro antenati, e la storia si ripete attraverso le diverse generazioni della famiglia nel corso del romanzo. Tra i due testi si possono fare anche alcuni paragoni più specifici, come i nomi simili e gli archi caratteriali di Remedios "il bello" in *Cent'anni di solitudine* e di Rosa "la bella" in *La casa degli spiriti*.

Sebbene il realismo magico sia stato originariamente concepito come una forma narrativa peculiare della letteratura latinoamericana e come un mezzo espressivo che si basava su punti di riferimento latinoamericani anziché su un quadro culturale europeo, ha finito per ottenere l'effetto opposto e diventare un prodotto culturale molto popolare nel mondo occidentale.

Una delle caratteristiche del genere è il modo in cui presenta situazioni reali, che possono essere politicamente o logicamente complesse o estremamente violente, in modo irrealistico. Sebbene *La casa degli spiriti* presenti una serie di elementi fantastici, la Allende li utilizza in modo diverso dall'approccio di García Márquez e un esame più attento della sua opera rivela che essa non aderisce alle convenzioni del realismo magico in senso stretto, ma costituisce invece un'evoluzione del genere che sfida il predominio del suo predecessore.

Questa ipotesi può essere giustificata attraverso un attento esame della famiglia Trueba, che può essere divisa in due gruppi: i materialisti e gli idealisti. Esteban è la figura centrale del primo gruppo, composto da individui pragmatici che si interessano principalmente alle questioni del mondo reale, come la ricchezza e la finanza, il panorama sociale del continente e la situazione politica della nazione. Sebbene i membri del secondo gruppo, con Clara come figura di riferimento, vivano nello stesso mondo del primo in senso letterale, in senso figurato trascorrono più tempo in un mondo astratto e parallelo popolato da fantasmi e spiriti, in cui il potere della mente è sufficiente a muovere oggetti tangibili e in cui il passato, il presente e il futuro sono inestricabilmente intrecciati.

Questi due tipi di Trueba convivono in armonia e sono perfettamente consapevoli dell'esistenza del mondo dell'altro gruppo. Questa dualità potrebbe essere interpretata come un commento al genere stesso del realismo magico, in quanto la sua comparsa ha fatto sì che l'America Latina venisse percepita come una terra esotica di magia, forze soprannaturali e misticismo incomprensibile da parte degli estranei, in contrasto con la concezione del continente stesso che vede i suoi abitanti come individui pragmatici che si preoccupano delle questioni sociali e delle specificità della loro situazione politica, e che si trovano costantemente in contrasto tra loro.

Struttura, linguaggio e stile

Sebbene Allende e García Márquez abbiano ciascuno un proprio stile di scrittura distintivo, si possono fare chiari paragoni anche tra le strutture narrative di *La casa degli spiriti* e *Cent'anni di solitudine*. Entrambi i romanzi ripercorrono diverse generazioni della storia di una particolare famiglia utilizzando una linea temporale non lineare che differisce in modo significativo dalla struttura dei romanzi più convenzionali. Infatti, entrambi utilizzano quella che potrebbe essere descritta come una linea temporale ciclica che procede in modo circolare, andando avanti cronologicamente per un po' di tempo per poi tornare indietro e coprire lo stesso periodo di tempo delle sezioni precedenti del romanzo.

Questa struttura è quasi identica in entrambi i libri, che saltano avanti e indietro nel tempo, ma solo quando questi salti possono essere considerati logici dal punto di vista dei personaggi coinvolti. Tutto diventa ugualmente chiaro al lettore nell'epilogo del romanzo, narrato da Alba, che rivela di aver scritto questa storia utilizzando come fonti primarie i diari della nonna. Allo stesso tempo, Alba spiega che la nonna organizzava i suoi diari "in base agli eventi e non in ordine cronologico" (p. 491). Allo stesso modo, si dice spesso che quando Clara entra in una delle sue trance di chiaroveggenza, sembra abitare contemporaneamente il passato, il presente e il futuro. Questo si riflette nella struttura narrativa, in cui al lettore vengono costantemente ricordati gli eventi passati, che gettano un'ombra permanente sul presente. Invece di introdurre nuovi personaggi in base a chi sono quando entrano nella storia, essi vengono descritti in base a ciò che diventeranno e al ruolo che svolgeranno alla fine della storia, e la narrazione salta continuamente in avanti a scene che non vengono rivisitate fino a diverse pagine o capitoli dopo.

È importante tenere presente che il romanzo si presenta come una storia ricostruita e una sorta di memoir, raccontato da due individui che descrivono entrambi eventi passati. Questo stile narrativo permette di includere salti temporali e di giudicare le azioni passate in termini di conseguenze che avranno diversi anni dopo.

TEMI

Una caratteristica interessante de *La casa degli spiriti* è il modo in cui molti dei suoi temi centrali vengono introdotti ed esplorati attraverso le coppie. È stato detto che la differenza fondamentale tra letteratura e storia è che, mentre la storia riguarda atti e fatti isolati che vengono raccontati come aneddoti individuali, la letteratura usa atti e fatti specifici per discutere verità umane universali. La struttura narrativa de *La casa degli spiriti* utilizza le relazioni di coppia per riflettere questa idea, e lo stesso destino spesso colpisce diversi personaggi con tratti di personalità simili. Come in *Cent'anni di solitudine*, i personaggi ereditano la loro personalità e le loro debolezze dai loro antenati, e le azioni di un personaggio sono spesso una metafora della situazione dell'intero paese o addirittura dell'intero continente.

Politica latinoamericana: la soppressione sistematica dell'altro

La politica, e più in particolare l'attrito tra due estremi ideologici, è senza dubbio uno dei temi più importanti del romanzo. Uno di questi estremi è il pensiero conservatore e di destra, rappresentato da una potente oligarchia sia nelle aree rurali che in quelle urbane e da Esteban Trueba, il patriarca, all'interno della famiglia stessa. L'altro estremo è costituito da diverse ideologie progressiste e di sinistra, generalmente basate sul marxismo, che vanno dal socialismo di Jaime Trueba, caratterizzato da una dedizione e una solidarietà che ricordano i valori cristiani, al comunismo radicale di Miguel. Questa tensione è stata una delle caratteristiche distintive di un periodo specifico della storia dell'America Latina, ed è stata il risultato di una diffusa ondata di impegno politico tra la popolazione in risposta al lungo periodo di tempo in cui i governi conservatori erano stati al potere.

Tuttavia, questi scontri politici affondano le loro radici in qualcosa di molto più profondo delle ideologie contrapposte, ovvero le antiche questioni di sangue, tradizione e appartenenza della terra. In tutto il romanzo e nel continente stesso, questo conflitto politico senza fine è il prodotto di una cultura in cui alcuni gruppi sono soggiogati da altri e in cui la violenza è la norma. Quando i Paesi dell'America Latina ottennero l'indipendenza, la promessa di riforme non portò a nulla se non a un trasferimento di potere: invece di ricostruire e rivoluzionare il Paese, cambiò solo la mano che teneva la frusta. In realtà, le disuguaglianze sistemiche sono state rafforzate e perfezionate dalle oligarchie che sono salite al potere dopo l'indipendenza, generando amarezza e rabbia che si sono incancrenite fino a manifestarsi in sanguinose rappresaglie e attacchi di vendetta da entrambe le parti, creando un ciclo di odio che si riflette nel romanzo. L'odio genera odio e la violenza genera violenza, e la determinazione dell'umanità ad aggrapparsi a essi fa sì che il loro potere non svanisca mai nel tempo.

Un esempio evidente di questo tema sono i pensieri finali di Alba quando il romanzo volge al termine:

> "Sarebbe molto difficile per me vendicare tutti coloro che dovrebbero essere vendicati, perché la mia vendetta sarebbe solo un'altra parte dello stesso rito inesorabile. Devo spezzare questa terribile catena. Voglio pensare che il mio compito è la vita e che la mia missione non è prolungare l'odio, ma semplicemente riempire queste pagine mentre aspetto Miguel, [...] mentre aspetto che arrivino tempi migliori, mentre porto in grembo questa bambina, figlia di tanti stupri o forse di Miguel, ma soprattutto figlia mia". (pp. 490-491)

Famiglia e valori

La famiglia Trueba esemplifica perfettamente il modo in cui il romanzo utilizza le coppie per esplorare i suoi temi chiave. La famiglia è un microcosmo della nazione stessa: i suoi litigi, la sua gerarchia e la tensione tra le diverse ideologie dei suoi membri sono un ritratto vivente delle esatte difficoltà che il Paese e il continente stavano vivendo in quel periodo. Per questo motivo, il tema dei valori morali e le tensioni che si creano tra diversi gruppi di valori a causa del contesto storico giocano un ruolo fondamentale nel romanzo. C'è un costante attrito tra le convinzioni reazionarie di Esteban, il patriarca della famiglia, e i suoi figli e inquilini, soprattutto a causa della sua ostinata resistenza a qualsiasi tipo di politica progressista ed egualitaria. Esteban preferisce inoltre difendere le sue convinzioni con la violenza piuttosto che con il dialogo.

In questo modo, Esteban rappresenta il conservatorismo delle oligarchie latinoamericane, così zelanti nella difesa dei propri valori, del proprio potere e dei propri diritti di proprietà terriera, da considerare il lasciare che il resto del Paese vada in fumo come un'alternativa preferibile al permettere che si insinui un minimo di cambiamento. Esteban rinnega i suoi figli, picchia la moglie e maledice i suoi operai, facendo così eco al regime militare, che era così fanatico nella difesa dei suoi valori – che assomigliavano più a quelli degli occupanti coloniali che a quelli della Repubblica che li aveva rovesciati – che i suoi membri preferivano distruggere le fondamenta stesse del Palazzo Presidenziale piuttosto che vederlo occupato da un marxista.

Femminismo

In una delle sue opere, la femminista francese Hélène Cixous (nata nel 1937) discute la bisessualità intrinseca delle donne, una teoria che presuppone l'esistenza di un'area della coscienza femminile in cui coesistono entrambi i sessi. Secondo Cixous, ciò consente alle donne di adattarsi facilmente ai cambiamenti, di rimodellare costantemente la propria comprensione di sé, di calarsi nei panni dell'altro e di guardare oltre se stesse e le proprie preoccupazioni. Al contrario, l'uomo tipico sente il bisogno costante di dimostrare a se stesso e di affermare la propria mascolinità per rafforzare la propria presa sul potere e aumentare la propria virilità. Tuttavia, questo processo narcisistico riduce l'uomo alla sua forma più primitiva e lo limita solo ai comportamenti e alle azioni più prevedibili.

La Allende fa riferimenti molto chiari a questo processo ne *La casa degli spiriti*: mentre i tentativi dei personaggi maschili di affermare la propria mascolinità generano odio e repressione, le donne fanno l'esatto contrario. Da un lato, Esteban è l'esempio perfetto di un uomo la cui ossessione di mantenere la sua posizione di uomo più potente e macho in circolazione e di "redentore" politico del suo Paese e dei suoi valori "tradizionali" lo porta a distruggere tutto ciò che ha, sia il suo Paese che la sua famiglia. Esteban è il prodotto del passato coloniale del suo Paese e il rappresentante e sostituto dei colonizzatori nel presente. Le donne Trueba, invece, non giustificano la violenza, ma cercano di porvi fine, liberandosi dalle catene del passato per aprire strade alternative per il futuro. Queste donne sono gli unici personaggi veramente capaci di cambiare e trasformarsi.

Nel romanzo le donne tendono a ribellarsi in silenzio. Ad esempio, dopo che Esteban colpisce Clara, lei non gli rivolge più la parola finché vive. Tuttavia, lei e sua nipote Alba sono le uniche in grado di perdonare gli uomini che hanno fatto loro del male, invece di perpetuare il ciclo dell'odio. Alba è in grado di guardare la situazione con obiettività e di percepire il ciclo di violenza che ha generato: Esteban Trueba ha violentato una delle sue inquiline e il nipote, che è stato il prodotto finale di questo atto di violenza, ha deciso di violentare la nipote di Esteban anni dopo come una sorta di vendetta. Tuttavia, Alba riesce a superare gli orrori che ha affrontato e ad allontanarsi da questa narrazione condannata attraverso la riflessione interiore e la ribellione.

L'amore

Il tema dell'amore è stato esplorato attraverso la letteratura in una miriade di modi nel corso dei secoli. È stato fonte di ispirazione per alcuni dei più bei sonetti di Shakespeare, ma al giorno d'oggi l'amore è spesso considerato banale o volgare e gli intellettuali tendono ad analizzarlo troppo e a evitarlo. Tuttavia, l'amore è qualcosa che ci accomuna, perché tutti lo proviamo per qualcuno o qualcosa almeno una volta nella vita.

Di conseguenza, l'amore viene spesso semplificato e liquidato a priori. Le soap opera e i film hanno ridotto l'emozione più complessa che possiamo provare a una formula per un ideale irrealistico, con praticamente tutte le commedie romantiche esistenti che seguono la stessa strada ben percorsa di una coppia che si innamora a prima vista, trascorre un breve periodo di tempo insieme e poi viene divisa da una crisi melodrammatica o da un malinteso che poi superano per vivere per sempre felici e contenti. Tuttavia, l'amore è molto più complesso di così e *La casa degli spiriti* ne esplora diverse sfumature.

Nel romanzo, l'amore è spesso costruito su contraddizioni: un esempio è l'intenso amore di Férula per Clara, nonostante le sue forti convinzioni religiose, tradizionalmente percepite come incompatibili con il desiderio lesbico. Nel frattempo, Esteban Trueba ama sua moglie più di ogni altra cosa al mondo, ma alla fine nemmeno questo basta a risparmiarla dalle sue violente sfuriate. Altri personaggi sono torturati dall'amore, come Jaime, il cui amore per Amanda e l'immenso dolore che gli provoca non sono mai sufficienti a spingerlo ad agire sui suoi sentimenti. Infine, il romanzo esplora anche il concetto di amore per un'idea, piuttosto che per una persona, incarnato da Miguel, che decide di unirsi alla guerriglia invece di fuggire con Alba per farsi una vita insieme, scegliendo così l'ideologia che ama al posto della donna che ama.

In generale, il romanzo evita di presentare l'amore come una nozione univoca ed esplora invece tutte le sue possibilità, complessità e idiosincrasie, comprese le sfumature che i film e i telefilm preferiscono generalizzare e ignorare. La loro concezione formulaica dell'amore, che si basa sulla formazione di un legame perfetto nello spazio di un istante, senza alcuna considerazione per il contesto sociale, culturale e storico in cui i personaggi vivono, e che è completamente avulsa dalla realtà nel modo in cui sembra proclamare senza vergogna che non c'è nulla che renda una persona diversa dall'altra, è completamente assente da *La casa degli spiriti*.

ULTERIORI RIFLESSIONI

ALCUNE DOMANDE SU CUI RIFLETTERE...

- Una delle principali critiche mosse all'opera di Isabel Allende è quella di essere "leggera" e di piacere al pubblico. Siete d'accordo con questa valutazione? Quali aspetti de *La casa degli spiriti* sostengono o contraddicono questa tesi?

- *La casa degli spiriti* è spesso classificato come un romanzo realista magico. In quali altri generi letterari potrebbe essere classificato?

- Sebbene le donne svolgano certamente ruoli importanti nel romanzo e siano personaggi forti e indipendenti, ritenete che il romanzo possa essere considerato un'opera interamente femminista? Quali difetti hanno i personaggi femminili del romanzo rispetto alle loro controparti maschili?

- Dato che questo romanzo è stato scritto più di trent'anni fa, come si può paragonare il modo in cui le donne sono rappresentate nella narrativa di oggi? Pensate a un romanzo, un film o una serie televisiva recente e confrontate i suoi personaggi femminili con quelli de *La casa degli spiriti*.

- Il personaggio di Pedro Tercero è stato interpretato come una rivisitazione della vita di Victor Jara. Quali altri personaggi de *La casa degli spiriti* sono simili a figure storiche?

- *La casa degli spiriti* viene costantemente paragonata a *Cent'anni di solitudine*. Vi viene in mente qualche altro romanzo simile?

- Il romanzo fornisce una cruda illustrazione del rigido sistema di classi in America Latina, in cui le persone trascorrono tutta la vita intrappolate nella classe sociale in cui sono nate. Ritenete che sia ancora così? Quali fattori sociali e politici perpetuano questo sistema? Sono gli stessi fattori esplorati nel romanzo?

- Le ideologie politiche esplorate nel romanzo riflettono il clima politico dell'America Latina dell'epoca, divisa tra varie ideologie basate sul marxismo e sul conservatorismo di destra. Come sono cambiati da allora le dinamiche e il clima politico in America Latina?

- Nel romanzo, Clara Trueba afferma che la carità è più un modo per pulirsi la coscienza che un vero atto di gentilezza. Cosa ne pensate? Secondo voi, cosa costituirebbe un vero atto di gentilezza?

ULTERIORI LETTURE

EDIZIONE DI RIFERIMENTO

Allende, I. (1986) *La casa degli spiriti*. Trans. Bogin, M. Londra: Black Swan.

STUDI DI RIFERIMENTO

Boschetto, S. M. (1989) Dialettica metatestuale e sessuale in *La casa degli spiriti* di Isabel Allende. *Hispania*. 72(3), pp. 526-532.

Godoy R., C. G. (2008) La casa degli spiriti: *famiglia, nazione e classi*. [Online]. [Accessed 7 March 2018]. Disponibile da: <https://pendientedemigracion.ucm.es/info/especulo/numero38/casaespi.html>

Meyer, D. (1990) "Genitori del testo": Creatività femminile e relazioni dialogiche in *La casa de los espíritus* di Isabel Allende. *Hispania*. 73(2), pp. 360-365.

ADATTAMENTI

La casa degli spiriti. (2009) [Opera teatrale]. Svich, Caridad e Zayas. New York: Repertorio Español.

La casa degli spiriti. (1993) [Film]. Bille August. Dir. USA e Germania: Miramax Films e Neue Constain Film.

Vogliamo sapere da voi!
Lasciate un commento sulla vostra biblioteca online
e condividete i vostri libri preferiti sui social media!

MUST READ

˞ Perché scegliere Must Read?

Scoprite tutto quello che c'è da sapere su un libro, con i nostri riassunti e le nostre analisi concise e approfondite!

Scoprite il meglio della letteratura sotto una luce completamente nuova!

MUST READ ANALISI DEL LIBRO

Lo straniero

Albert Camus

MUST READ ANALISI DEL LIBRO

Il Grande Gatsby

Francis Scott Fitzgerald

MUST READ ANALISI DEL LIBRO

Una bottiglia nel mare di Gaza

Valérie Zenatti

MUST READ ANALISI DEL LIBRO

Vorrei che da qualche parte ci fosse qualcuno ad aspettarmi

Anna Gavalda

MUST READ ANALISI DEL LIBRO

Il conte di Montecristo

Alexandre Dumas

MUST READ ANALISI DEL LIBRO

Il profumo

Patrick Süskind

www.50minutes.com

www.50minutes.com

Master ISBN: 9782808690232
ISBN cartaceo: 9782808611633
Deposito legale: D/2023/12603/1443

Copertura: © Primento

Concezione digitale a cura di Primento, il partner digitale degli editori.